Liebe Mütter, liebe Väter, liebe Omas,
liebe Opas, liebe Tanten, liebe Onkel,
liebe Lehrerinnen und Lehrer!

Kinder, die schon lesen können, sollten diese Kompetenz stärken.
Etwas stärken zu wollen, heißt immer etwas zu üben.
Und Üben muss mit Erfolgserlebnissen untrennbar verbunden sein.

Die Bücher für die 2. Klasse sind so aufgebaut, dass sie durch
spannende, lustige und lehrreiche Inhalte zum Lesen ermuntern.
Die Sprache ist dem Alter der Kinder angepasst und ermöglicht
ein konstantes Aufbauen des Wortschatzes. Kindgerechte,
farbige Illustrationen auf jeder Seite begleiten die Kinder zu
einem lustigen Leseerlebnis.

Wir wünschen Ihren Kindern viel Freude beim Lesen!

Ihr G&G Verlag
Lesepädagogisches
Lektorat

Geschichten für Erstleser

Elfen und Ballerinas

Leseabenteuer im Doppelband

Inhalt

Begleitmaterial zu den Geschichten in diesem Buch finden Sie unter www.lesezug.at zum Gratis-Download!

www.ggverlag.at

ISBN 978-3-7074-2350-1

In der aktuell gültigen Rechtschreibung

1. Auflage 2020

Reihengestaltung und Vor- und Nachsatz: Carola Holland

Gesamtherstellung: Imprint, Ljubljana

Tatjana Weiler

Elfi Elfe fliegt zur Schule

Mit Illustrationen von

Stéffie Becker

Inhalt

Endlich in der 2. Klasse

Elfi Elfe geht in die Klasse 2b der kunter-
bunten Elfenschule. Die ist lustig. Die
Schule. Und ganz bunt. Angemalt von den
Kindern. Mit Elefanten und Löwen, mit
Papageien und Schlangen. Eigentlich ist
ein ganzer Dschungel auf der Schulwand
zu sehen. Genauso gemalt, wie es erzählt

wird. In den Rumba-Dumba-Dschungel-
geschichten. Davon hören die Elfenkinder
in der ersten Klasse eine ganze Menge.
Vom Rumba-Dumba-Dschungel. Diese
Abenteuergeschichten lieben sie. Wirklich
spannend. Fand Elfi. Letztes Jahr. Als sie
noch in der ersten Klasse war.

Heuer natürlich ist sie schon groß.
Eine Zweite-Klasse-Elfin.

Klar, da kann einen so ein
Dschungelabenteuer überhaupt nicht
mehr erschrecken ...

Elfi hat eine Lehrerin. Die ist eine ganz nette. Ein bisschen schrullig ist sie. Manchmal. Und das mit dem Schön-schreiben, das liegt ihr auch nicht so ganz. Wenn die Frau Lehrerin an der Tafel steht, da geht es richtig rund.

Da düst sie von einem Eck zum anderen.
Malt einmal oben und schreibt zweimal
unten. Hin und her. Kreuz und quer.
Kritzlkratzl? Ja. Genau. Kritzlkratzl. Das ist
der Name. Von der Frau Lehrerin. Das
muss man erst einmal können. In der Art
und Weise zu schreiben. Ist nämlich gar
nicht leicht. In der Geschwindigkeit vor
allem. Die ist schon super, die Kritzlkratzl!
Da sind sich alle einig.

Beste Freunde

In Elfis Klasse gehen 13 Kinder. Elfis aller-
bester Freund von allen ist Tomtroll.
Er ist ein Elf, auch wenn der zweite Teil
seines Namens
Troll lautet.
„Du, Tomtroll,
stell dir vor, du
wärst wirklich
einer. Ein Troll.
Klein. Buckelig.
Mit mindestens
14 Warzen und einem Fell,
dick wie Omas selbstgestrickte Wolldecke.
Das wäre doch was!"

15

„Eine super Idee, Elfi! Ich könnte mich
beim nächsten Elfenkarneval
als Troll verkleiden. Cool.
Da erkennt mich sicher niemand!"

Frau Kritzlkratzl greift sich an die Stirn
und jammert: „Kinder, Kinder! Etwas mehr
Aufmerksamkeit, wenn ich bitten darf!
Wo war ich gerade stehen geblieben. Ja.
Hier. Nein. Ich meine dort. Ich denke. Ah.
Ja. Zahlen-Buchstaben-Mix. Aufgepasst.
Ein D, ein R, ein O, ein M, ein E, ein D,
ein A, und ein R, was hör ich da?
Dromedar? Ja! Wunderbar!", ruft die Frau
Lehrerin und fährt sich dabei erleichtert
durch ihre verwurstelten roten Locken.
„Diese Wörter klappen ja noch prima!
Elfi Elfe, nun zu dir, sag mir schnell,
wie viel ist 5 plus 3 plus 2?"

DROMEDAR

Elfi überlegt. Kurz. Ein wenig länger.

Noch ein bisschen ...

„10!", flüstert Tomtroll ihr zu.

„10!", antwortet Elfi und grinst.

Zum Glück ist Tomtroll ein spitzen-

mäßiger Elfenzahlrechner. Super. Danke!

Elfi kichert und zwinkert Tomtroll zu.

Heimlich, natürlich.

„Meine liebe Elfi. Die Elfenzahlen sind wichtig. Elfisch Rechnen ist unbedingt notwendig. Und es ist ja auch wirklich lustig! Rechengeheimnisse, welch ein Spaß!"

„Okay, ich werde es üben. Das elfische Rechnen. Versprochen!", gibt Elfi elfisch keck zur Antwort.

„Ich helfe dir!", meint Tomtroll, und bevor Frau Kritzlkratzl noch etwas dazu sagen kann, läutet der Schulspatz die Glocke. Die Schule ist zu Ende!

Ab nach Hause!

„Das war ganz schön knapp, Tomtroll,
was? Beinahe hättest du auch noch
eine extra Übungsaufgabe für zu Hause
bekommen."
„Stimmt. Eine reicht. Nämlich deine!",
ruft Tomtroll, grinst und düst in Richtung
MAZ – den Mobilen Ameisen-Zug.
„Warte nur! Wenn ich dich erwische!"
Elfi kommt ihm kaum nach. Zuerst. Dann
aber holt sie auf. Sie hebt ab. Sie fliegt.
Düst. Schnell. Noch schneller ...

„Die Bahn kommt!", ruft Tomtroll, und sie legen eine Vollbremsung hin. Es quietscht. Es staubt. Dann ist sie da. Schnell einsteigen in den Wagen 007.

Die Heimfahrt vergeht schnell. Schließlich haben die zwei Freunde einiges zu besprechen. Was sie vor der Hausaufgabe machen, was danach, wann sie sich treffen sollen und wo und überhaupt. Der MAZ düst inzwischen weiter.

Endstation

Plötzlich ertönt es aus den Lautsprechern:

Alles aussteigen – Endstation!

„Wie? Wo? Was?"

„Mist. Wo sind wir denn hier?"

Schnell packen sie ihre Sachen, steigen aus

und lesen: DRACHENMOOR.

„Herrjemine, wir sind beim Drachenmoor
gelandet! Siehst du hier irgendwo
einen Fahrplan? Wann geht denn
der nächste Wagen zurück?",
jammert Elfi und schaut sich um.
„Hier, schau, Elfi! Nächste Rückfahrt

24

Richtung Elfenschule, Glitzerwiesen,
erst wieder um 2 Uhr 22!"
„Aber das dauert ja noch
über eine Stunde!", ruft Elfi entsetzt.
„Wir können doch inzwischen unsere
Aufgaben machen. Ich schlage vor, wir
beginnen mit Schnelle-Hexen-Nachrichten.
Wir suchen aus unserem Elfenhandbuch
den Nachrichtenzauber heraus. Damit
können wir unseren Eltern Bescheid geben,
dass wir etwas später kommen,
und gleichzeitig unsere SHN-Aufgabe
erledigen!"
„In Ordnung. Hast du dein Buch dabei?"
„Ja, hier. Seite 99."

Drachenmoor

Drei Versuche brauchen sie, bis das klappt.
Mit der Elfennachricht. Dann aber,
endlich, ist sie geschafft,
die Hausaufgabe Nummer eins.
„Und nun?"
„Wie wäre es mit Natur pur ... wir schauen
schnell beim Drachenmoor vorbei.
Zeit haben wir ja noch genug. Von dort
könnten wir eine Moorprobe mitnehmen.
Das traut sich sonst sicher niemand
aus unserer Klasse!"
„Tolle Idee! Aber traust du dich denn?"
„Klar!"
„Dann haben wir das ja geklärt! Los geht's!"

Mutig marschieren die zwei Freunde
in Richtung Moor, bis ...
STOPP! Vier große Warnschilder
versperren plötzlich den Weg:

Hier schläft ein Drache! Will ruhen!
Sonst fresse ich dich –
vom Kopf bis zu den Schuhen!

„Hast du das gelesen, Elfi?

Mit diesem Drachen ist nicht zu spaßen!"

„Wir sind ja ganz leise. Der merkt niemals,

dass wir auch nur hier in der Nähe waren."

Elfi schleicht weiter – an den Warnschildern

vorbei. Über die Riesenwurzeln drüber.

Sie gehen bis an den Rand des Moors.

„Schau mal, wie schön das ist!", sagt Elfi.

„Schon, aber stinken tut es
auch ganz fürchterlich",
antwortet Tomtroll leise
mit zugehaltener Nase.
Elfi holt ihr Lupenglas
aus dem Schulbeutel und befüllt es
mit dem matschigen Stinkemoor.

Da. Plötzlich tut sich etwas. Nebel zieht auf.
Von allen Seiten. Von links.
Von rechts. Von unten aus dem Moor.
„Hatschi!" Tomtroll niest.
„Pst! Wir müssen leise sein, sonst wacht
der Drache auf!", flüstert Elfi, und noch im
selben Moment muss sie fürchterlich husten.
Da zischt es. Es poltert. Es pfeift in unbe-
schreiblich hohen Tönen, grauenhaft.
„HILFE! Der Drache!"

In Windeseile düsen die zwei Freunde
zurück zum Bahnhof.
Und der Drache, wo ist der? Der schläft
noch immer. Er hat einfach nur gegähnt
und ein wenig geschnarcht.

Wegen der verstopften
Drachenschnupfennase.
„Das war jetzt aber knapp!", japst Elfi
und holt noch einmal kräftig Luft.

„Allerdings. Glück gehabt!", erwidert Elfis
Freund und macht dabei ein Gesicht wie
Professor Humbug. Der schaut immer so.
Gescheit. Der unterrichtet die 2b übrigens
in MaOeG. Menschen an Orten erzählen
Geschichten. Da müssen jetzt beide lachen.
Und wie sie so vor sich hin lachen,
düst Wagen 009 im Bahnhof ein.
„Auf nach Hause!"

Rechenaufgaben

Während der Fahrt hilft Tomtroll Elfi
beim Rechnen-Üben. Er verrät ihr
das elfische Geheimnis.
Das elfische Rechengeheimnis: „Also, Elfi.
Denk dir eine gerade Geheimzahl.
2 oder 4 oder 6 oder so. Nun rechne genau
diese Zahl noch einmal hinzu. Bereit?
Dann weiter! Nun gibst du die magische
Zahl 20 dazu. Weißt du das Ergebnis? Pst.
Noch nicht verraten, denn es geht noch
weiter. Dein Ergebnis teile durch 2.
Geschafft? Zum Schluss zieh deine
Geheimzahl ab und du erhältst
die elfische Zauberzahl 10!"

Elfi hat Tomtrolls Rechenaufgabe
fleißig mitgeschrieben.
2 (pst, geheim!) + 2 = 4
4 + 20 = 24
24 : 2 = 12
12 − 2 = tatsächlich! 10!

Da staunt Elfi nicht schlecht. Sie überlegt.

Dann fragt sie neugierig:

„Wie hast du das denn gemacht?"

„Das ist eigentlich ja höchst geheim!",

schmunzelt Tomtroll. Zuerst. Dann aber

flüstert er seiner besten Freundin

den Elfentrick natürlich doch noch

piepsleise ins Ohr.

Vordere Glitzerwiesen

„Nächste Haltestelle: die vorderen Glitzerwiesen!", tönt es aus dem Lautsprecher.
Jetzt aber wirklich schnell! Alle Sachen
zusammenpacken. Auf Wiedersehen!
„Ich glaub, wir gehen erst einmal nach
Hause. Unsere Eltern könnten eventuell
schon ein klein bisschen auf uns warten,
meinst du nicht?"

„Jap! Treffen wir uns dann um 5
beim Eichenrindenbaum? Dann können
wir gemeinsam zur Schüttel-Rüttel-
hoch-das-Bein-Stunde marschieren."
„In Ordnung! Also dann, bis um 5 Uhr.
Ciao, Tomtroll!"
„Bis später, Elfi!"

37

Zu Hause angekommen, muss Elfi alles ganz genau erzählen. Dass Tomtroll und sie zu weit gefahren sind mit dem MAZ, dass sie sich bis zum Drachenmoor vorgewagt haben und dabei nur kurz dem Elfentod entkommen sind und von dem elfischen Rechengeheimnis.

„Willst du es bei mir einmal ausprobieren?",
fragt Elfis Mutter und schmunzelt.
Und ob Elfi das möchte! Aufgepasst,
los geht's! Und es klappt wunderbar.
Die Mama ist sprachlos.
„Gratuliere, Elfi!
Jetzt hast du es wohl
wirklich verstanden!
Super! Was sagt denn
die Frau Lehrerin dazu?"
„Die weiß das noch gar
nicht. Dass ich das jetzt kann. Hab ich erst
auf dem Weg zurück nach Hause gelernt.
Tomtroll hat mir geholfen."

39

„Ganz schön schlau, der Tomtroll!

Und du natürlich auch, Elfi!

Aber jetzt komm, das Essen wartet.

Elfenknödel mit Erdbeerkraut."

„Juhu! Mein Lieblingsgericht! Hast du auch

genug Knödel gekocht? Ich esse nämlich

mindestens 237!"

„Klar! Es gibt jede Menge!", meint die

Mama und schmunzelt noch immer.

Schüttel Rüttel hoch das Bein!

Um Punkt fünf Uhr treffen sich Tomtroll
und Elfi beim großen Eichenrindenbaum:
„Hallo Elfi. Bereit zur Schüttel-Rüttel-
hoch-das-Bein-Stunde?"
„Klar! Ich habe zu Mittag extra 236
und einen halben Elfenknödel gegessen.
Mit ganz viel Erdbeerkraut.
Ich hab Kraft ohne Ende!"
„Na dann, düsen wir los!"

In der Elfenschule angekommen,
werden sie von Frau Kritzlkratzl erwartet.
„Herr Lehrer Hopsdipops hat sich leider
auf dem Nachhauseweg
das linke Bein gebrochen. Rettung. Klinik.
Gips. Deshalb, liebe Kinder, werde ich
heute mit euch schütteln und rütteln
und die Beine werfen – hoch und tief!"
„Juhu!", rufen die Kinder. Turnen mit
Frau Kritzlkratzl ist immer etwas
ganz Besonderes. Die ist ja so lustig!

Beim Wurzelhochsprung zum Beispiel, da hüpfen ihre roten Locken beinahe bis zu den Wolken, ihre geringelten Strümpfe fliegen durch die Luft, es kitzelt sie in der Nasenspitze, sie rudert mit den Armen und – hatschi – Landung! Geglückt. Neuer Rekord!

„Bravo, Frau Lehrerin! Bravo!", rufen die Kinder. Frau Kritzlkratzl streicht sich ihre Lockenpracht aus dem Gesicht und strahlt. „Meine Lieben. Jetzt seid ihr an der Reihe!", lacht sie und die Kinder düsen los, bis der Mond zu strahlen beginnt.

Am nächsten Morgen freut sich Elfi wahn-
sinnig auf die Schule. Schließlich möchte
sie der Frau Lehrerin ja ihre elfischen
Rechenkünste vorführen, und außerdem
steht in der zweiten Stunde Natur pur
am Plan. Da werden
Tomtroll und Elfi
vom Drachenmoor
erzählen, die
Stinkemoorprobe
präsentieren
und natürlich
von der
unheimlich spannenden
Drachenverfolgungsjagd berichten!

Michaela Holzinger

Klara Ballerina wagt den Sprung

Mit Illustrationen von
Kirsten Straßmann

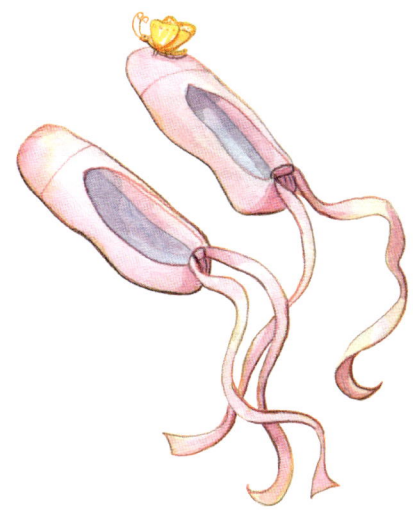

Inhalt

Klaras größter Wunsch

Klara will nur eines – Balletttänzerin
werden. Wie eine richtige Ballerina.
Vielleicht sogar wie eine Primaballerina.
Dann kann sie über die Bühne schweben.
Einen Ballettrock tragen. Zur Musik tanzen.
Und alle Leute würden
vor Begeisterung klatschen.

„Ach, das wäre schön", seufzt Klara.
Sie sitzt am Küchentisch und kaut
auf ihrem Bleistift herum. Heute hat Klara
eine ganz besondere Hausübung auf.
„Mein größter Wunsch", steht in Klaras Heft.
Dazu soll sie eine Geschichte schreiben.
„Das ist einfach", kichert Klara und fängt an.
Sie schreibt über Ballett.

Immerhin hat sie schon ein Ballettbuch.
Da steht alles drin, was man darüber
wissen muss. Klara kennt alle
Grundpositionen. Sie weiß, wie man
die Arme halten muss. Und sie hat auch

schon versucht,
einen Spagat
zu machen.
Trotzdem –
tanzen, wie
eine richtige
Ballerina,
kann sie nicht.
Sie weiß
auch warum.

Deshalb schreibt sie:

„Heute finde ich die Hausübung sehr leicht.
Denn ich weiß ganz genau,
was ich mir wünsche.
Ich habe nur einen großen Wunsch.
Ich möchte Ballett lernen.
In einer richtigen Ballettschule.
Mit einer richtigen Ballettlehrerin.
Und wenn ich alles kann,
möchte ich auf einer Bühne tanzen.
Wie eine richtige Primaballerina!

Als sie mit der Hausübung fertig ist,
kommt Mama und liest Klaras Geschichte.
„Ist dir das wirklich so wichtig?",
will Mama wissen.

Klara nickt.

Mama lächelt. „Dann will ich versuchen,
eine Ballettschule für dich zu finden.
In Ordnung?"

Klara fällt Mama um den Hals. „Und wie",
jubelt sie.

Nach einigen Tagen kommt Mama vom Einkaufen zurück. „Sieh mal, was ich hier für dich habe", sagt sie geheimnisvoll. Klara späht in den Einkaufskorb. „Milch?" „Nein", lacht Mama. „Das hier!" Sie hält Klara einen Zettel vor die Nase. Neugierig fängt Klara zu lesen an.

Grundkurs Ballett
ab 8 Jahren
in der Tanzschule Sprungschuh
ab 18. September, 14 Uhr
Anmeldung bei Frau Sprungschuh

Klaras Herz klopft wie verrückt. „Aber …
aber", stammelt sie. „Der Kurs hat doch
schon längst angefangen …"
Mama zuckt mit den Schultern.
„Die paar Stunden holst du locker auf.
Du kannst doch schon so viele Schritte.
Soll ich gleich einmal anrufen?"
Klara nickt. Sie sieht zu,
wie Mama zum Hörer greift.
Nervös trippelt sie im Vorzimmer
auf und ab.
Nach wenigen Minuten ruft Mama:
„Alles klar – ab morgen gehst du
in die Ballettschule!"
„Juhuuu", kreischt Klara.

Vor Freude dreht sie eine Pirouette
und ... landet auf dem Po.
„Macht nix", kichert sie. „Ab morgen
lerne ich es ja richtig!"

Die erste Ballettstunde

Am nächsten Tag geht Klara
zur Tanzschule. Ihr Magen knurrt.
Vor lauter Aufregung hat sie nichts
zu Mittag gegessen. Obwohl Mama
Kaiserschmarren gemacht hat.
Den mag Klara ansonsten gerne.
Aber heute gibt es etwas Wichtigeres.
Nämlich ihre erste Ballettstunde!
Noch ist niemand in der Tanzschule.
Klara ist die Erste. So ein Glück!
Nun kann sie sich in Ruhe umsehen.
Leise tapst sie in den Ballettsaal.
Ihre Turnpatschen quietschen
auf dem Parkett.

Der Raum sieht aus wie in ihrem Buch.

An den Wänden sind Spiegel angebracht.

Die Stangen, zum Üben der Schritte,

stehen an den Seiten.

Klara stellt sich an die Stange und

macht die 1. Position. Dabei dreht sie

die Fußspitzen nach außen.

„Sehr gut!", ruft es plötzlich hinter ihr.

Klara zuckt zusammen.

Eine Frau kommt mit eleganten Schritten
auf sie zu.

Sie reicht ihr die Hand.

„Du bist sicher Klara. Und ich bin Frau
Sprungschuh – deine neue Tanzlehrerin."

Frau Sprungschuh lächelt. „Wie ich sehe,
hast du zu Hause schon geübt.
Dann wirst du sicher alles schnell aufholen,
was wir bisher gelernt haben!"
Klara nickt erleichtert.
Frau Sprungschuh stellt sich neben Klara
an die Stange. „Ich muss mich für den
Unterricht aufwärmen", erklärt sie
und fängt an, ihre Beine zu dehnen.
Das sieht wunderschön aus.
Klara versucht es ebenfalls.
Doch das klappt nicht so richtig.
„Das macht nichts",
lacht Frau Sprungschuh.
„Ich habe auch lange dafür üben müssen!"

Sie zeigt Klara deshalb
ein paar einfachere Übungen.
„Am besten ziehst du die Turnpatschen aus.
Barfuß geht es besser. Und fürs nächste
Mal besorgst du dir Ballettschuhe.
Die haben eine weiche Sohle
und quietschen nicht auf dem Parkett",
erklärt sie.

Kurz darauf kommen die anderen Mädchen in den Ballettsaal. Verblüfft schauen sie Klara an.

„Wer ist denn das?", will ein Mädchen mit roten Locken wissen.

Die Tanzlehrerin stellt sie einander vor. Die Mädchen heißen Kiki, Amelie und Emma. Sie stellen sich an der Stange auf.

Frau Sprungschuh schaltet die Musik ein
und klatscht in die Hände. „1. Position!"
Klara stellt sich schnell dazu.
Sie dreht die Fußspitzen nach außen.
„Gut gemacht, Klara", lobt die Tanzlehrerin.
„Kannst du auch ein Plié?"
Klara guckt sich fragend um. „Ein Pliiie –
was?"

Kiki, das Mädchen mit den roten Locken,
fängt zu kichern an.
Amelie und Emma kichern mit.
Doch die Tanzlehrerin kümmert sich nicht
darum. „Das ist französisch. Man spricht es
so aus: pli-ee. Schau – wie eine Kniebeuge.
Nur, dass du die Knie dabei
nach außen drehst."
Frau Sprungschuh macht es ihr vor.
„Ach so", sagt Klara und macht es nach.
„Toll", sagt die Tanzlehrerin.
„Dann kannst du auch
bei unserem Winterballett mittanzen!
Die Schritte lernst du bestimmt
bis zur Aufführung."

Klara fängt an zu strahlen. Sie soll
bei einer richtigen Aufführung mittanzen?
Mit Bühne? Mit Zuschauern?
Und mit Musik?
Wie eine richtige Ballerina? Wie toll!!!

67

Die prima Ballerinas finden das nicht prima

Als die Stunde zu Ende ist,
tänzelt Klara, federleicht vor Glück,
in Richtung Garderobe. In der Hand
hält sie ein Ballettkostüm. Das Tutu.
Ausgesprochen wird es aber so: Tütü.
Frau Sprungschuh hat es ihr gegeben.
Für die Weihnachtsaufführung.
Jedes Mädchen bekommt eines.
Das darf man zu Hause selbst gestalten.
So, wie man will. Klara weiß schon genau,
was auf ihrem Tutu drauf sein soll.

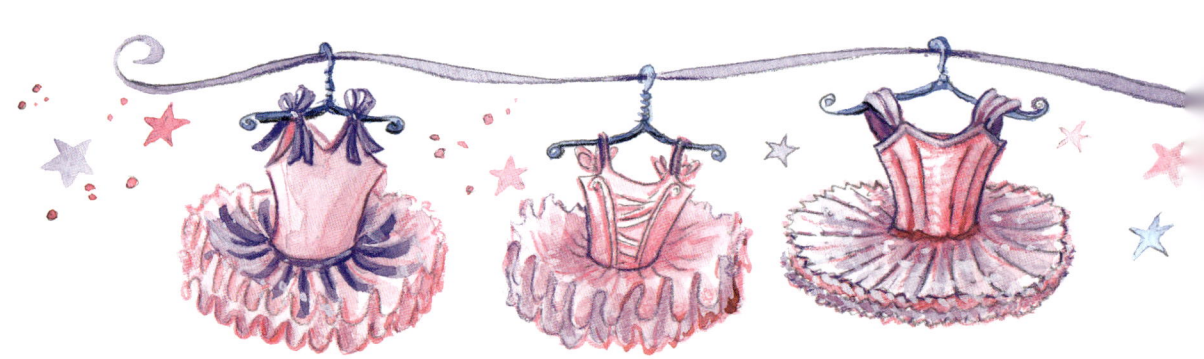

Doch was ist das? Kiki, Amelie und Emma
tuscheln in der Garderobe über sie?
Sie lauscht ...
„Das ist so unfair", faucht Amelie.
„Die Neue hat eben erst angefangen
und schon darf sie
bei der Aufführung mittanzen!"
„Die macht uns alles kaputt", zischt Emma.
„Sie wird die Schritte nie
in der kurzen Zeit lernen!"
„Niemals!", meint auch Kiki. „Nur wir sind
die prima Ballerinas. In unserem Klub
ist kein Platz für Anfänger!"

Vor der Garderobe aber steht Klara.

Ihre Füße fühlen sich plötzlich schwer an.

Ihr Magen tut weh. Leise schleicht sie

davon. Am Gang stößt sie

mit Frau Sprungschuh zusammen.

„Nanu, Klara, was ist los?",

will die Tanzlehrerin wissen.

Klara kämpft mit den Tränen. „Ach,

ich glaube nicht, dass ich die Schritte

bis zur Aufführung lerne. Es ist besser,

wenn ich nicht mittanze."

Frau Sprungschuh schaut Klara

verdutzt an. „Ach woher, das schaffst du.

Aber wenn du mehr Training brauchst ...

dann habe ich eine Idee. Komm mit!"

Sie nimmt Klara an der Hand und geht
mit ihr in die Garderobe. Kiki, Amelie
und Emma sind schon fertig umgezogen.
„Hört mal", sagt die Tanzlehrerin.
„Ich will, dass ihr mit Klara die Schritte übt.
Denn eine Ballettgruppe ist nur so gut
wie jede einzelne Tänzerin."
Frau Sprungschuh macht
ein ernstes Gesicht.
„In Ordnung", maulen die prima Ballerinas.

Als die Tanzlehrerin hinausgeht,
faucht Kiki: „Na super! Nur weil du
Anfängerin bist, müssen wir mit dir üben.
Morgen bei mir. In der Lärchengasse 50.
Und wehe, du kommst nicht ..."

Klara Ballerina wagt den Sprung

Klaras Füße zittern, als sie klingelt.

Kiki macht die Tür auf. „Wurde auch Zeit",

sagt sie. „Komm mit! Wir üben im Garten.

Dort haben wir Platz!"

Klara folgt Kiki in den Garten. Er ist schön.

Auch wenn die Bäume längst

die Blätter abgeworfen haben.

Der Teich glitzert in der Herbstsonne.

Und eine Katze schleicht herum.

Kiki, Amelie und Emma stellen sich auf.

Nur Klara weiß nicht, was sie tun soll.

Die prima Ballerinas fangen an

zu tanzen. Klara will auch mittanzen.

Doch bei der Pirouette verliert sie wieder

das Gleichgewicht.

„Au!", schreit Amelie. „Du bist mir

auf den Fuß getreten!"

„Tut mir leid", sagt Klara. Sie zittert.

Der Wind weht kalt.

Die prima Ballerinas schütteln die Köpfe.

„Das wird nie was!", sagen sie.

Da hören sie plötzlich ein schreckliches

Miauen. Es kommt vom Teich.

„Oh nein", kreischt Kiki. „Meine Katze!!!"

76

Die Mädchen laufen hin. Kikis Katze ist
beim Klettern runtergefallen. Sie ist genau
auf der kleinen Insel gelandet. Mitten im
Gartenteich. Rundherum ist nur Wasser.
Amelie und Emma schauen ins Wasser.
„Oh, das ist aber tief", sagen sie.
Die Katze fängt noch lauter zu miauen an.
„Sie hat Angst", jammert Kiki.
„Was sollen wir tun?"
Da nimmt Klara Anlauf. Leicht wie ein
Schmetterling springt sie von Stein zu Stein.
Bis hin zur Katze.
„Gleich bist du in Sicherheit", flüstert Klara.
Sie nimmt die Katze in den Arm
und springt mit ihr zurück.

Die prima Ballerinas starren Klara an.

„Wie hast du das gemacht?",

wollen sie wissen.

Klara runzelt die Stirn.

„Was meint ihr?", fragt sie.

„Du hast eben einen Ballettsprung gemacht.

Der war super", erklärt Kiki.

Sie greift nach der Katze und lächelt.

„Ich glaube, ich habe eine Idee ...", sagt sie

und fängt zu erzählen an.

Ein neues Mitglied

Es ist soweit. Der Tag der Aufführung.
Klara ist nervös. Auch Kiki, Amelie
und Emma. Schon sind sie dran.
Frau Sprungschuh schaltet die Musik ein.

Der Vorhang geht auf. Die Mädchen
fangen zu tanzen an. Auch Klara.
Als ein Paukenschlag ertönt, nimmt sie
Anlauf. Klara wagt den Sprung. Er sieht
wunderschön aus. Es ist derselbe Sprung
wie beim Teich.
Die Leute klatschen vor Begeisterung.

Kiki, Amelie, Emma und Klara
verbeugen sich. In ihren Ballettkostümen
schauen sie wie richtige Ballerinas aus.
Kiki hat ihr Tutu mit silbergrünen Sternen
verziert. Amelies Tutu ist weiß mit Rosa.
Emma hat lila Bänder darauf genäht.
Und Klara? Klara hat natürlich Schmetter-
linge darauf. Rote Schmetterlinge, leicht
wie eine Feder. Wie eine richtige Ballerina.
Oder noch besser: Wie eine prima Ballerina.
Denn Klara ist nun eine.
Eine prima Ballerina eben. Und Kiki,
Amelie und Emma sind ihre Freundinnen.
Gemeinsam werden sie
durch dick und dünn tanzen.

Alle Lesezug-Bücher
sowie Begleitmaterial finden Sie unter
www.lesezug.at

ISBN 978-3-7074-2377-8
1. Klasse, ab 5/6 Jahre

ISBN 978-3-7074-2349-5
1. Klasse, ab 5/6 Jahre

ISBN 978-3-7074-2378-5
2. Klasse, ab 6/7 Jahre

ISBN 978-3-7074-2117-0
Vor- u. Mitlesen, ab 5/6 Jahre

ISBN 978-3-7074-2105-7
Vor- u. Mitlesen, ab 5/6 Jahre

ISBN 978-3-7074-2346-4
2. Klasse, ab 6/7 Jahre

ISBN 978-3-7074-2241-2
2. Klasse, ab 6/7 Jahre

ISBN 978-3-7074-2262-7
2. Klasse, ab 6/7 Jahre

ISBN 978-3-7074-2142-2
2. Klasse, ab 6/7 Jahre

ISBN 978-3-7074-2104-0
2. Klasse, ab 6/7 Jahre

ISBN 978-3-7074-2210-8
2. Klasse, ab 6/7 Jahre

ISBN 978-3-7074-2066-1
2. Klasse, ab 6/7 Jahre

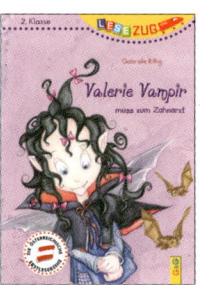
ISBN 978-3-7074-2035-7
2. Klasse, ab 6/7 Jahre

ISBN 978-3-7074-2168-2
2. Klasse, ab 6/7 Jahre

ISBN 978-3-7074-2002-9
2. Klasse, ab 6/7 Jahre